Impressum
Verlag: BABADADA GmbH, Nedderfeld 112 , 22529 Hamburg
Geschäftsführer / Verlagsleitung: Harald Hof
Druck: Books on Demand GmbH, In de Tarpen 42, 22848 Norderstedt

Imprint
Publisher: BABADADA GmbH, Nedderfeld 112 , 22529 Hamburg, Germany
Managing Director / Publishing direction: Harald Hof
Print: Books on Demand GmbH, In de Tarpen 42, 22848 Norderstedt, Germany

xue xiao
škola

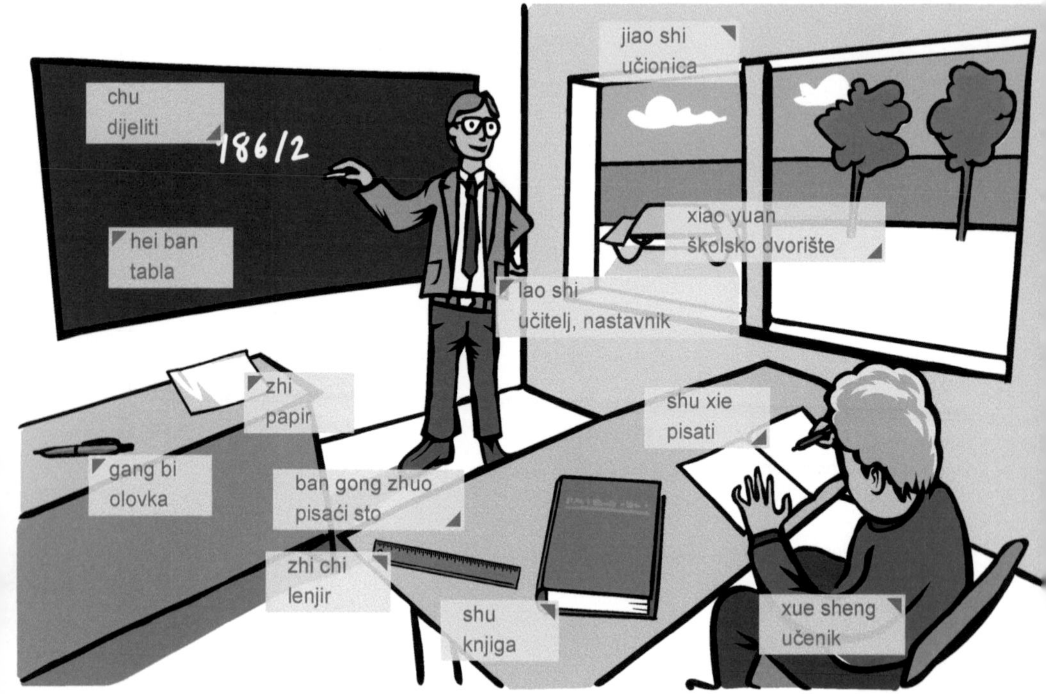

jiao shi
učionica
chu
dijeliti
186/2
hei ban
tabla
xiao yuan
školsko dvorište
lao shi
učitelj, nastavnik
zhi
papir
shu xie
pisati
gang bi
olovka
ban gong zhuo
pisaći sto
zhi chi
lenjir
shu
knjiga
xue sheng
učenik

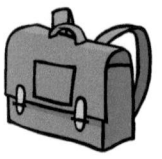

shu bao
torba

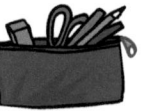

qian bi he
pernica

qian bi
drvena olovka

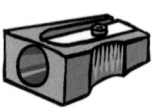

juan bi dao
šiljalo za olovke

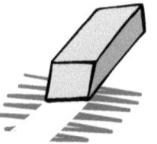

xiang pi ca
gumica

hua ban
blok za crtanje

tu hua

crtež

hua bi

kist

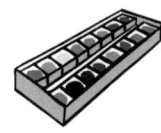

yan liao he

kutija s bojama

jian dao

makaze

jiao shui

ljepilo

lian xi ce

vježbanka

jia ting zuo ye

domaća zadaća

12

shu zi

broj

2+2

jia

sabirati

5-2

jian

oduzimati

2×2

cheng

množiti

ji suan

računati

A

zi mu

slovo

ABCDEFG HIJKLMN OPQRSTU VWXYZ

zi mu biao

abeceda

hello

zi

riječ

ke wen

tekst

du

čitati

fen bi

kreda

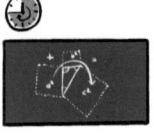

shang ke

sat

deng ji

školski dnevnik

kao shi

ispit

zheng shu

svjedočanstvo

xiao fu

školska uniforma

jiao yu

izobrazba

bai ke quan shu

leksikon

da xue

univerzitet

xian wei jing

mikroskop

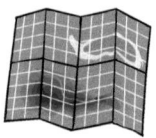

di tu

karta

fei zhi kuang

korpa za papir

xue xiao - škola

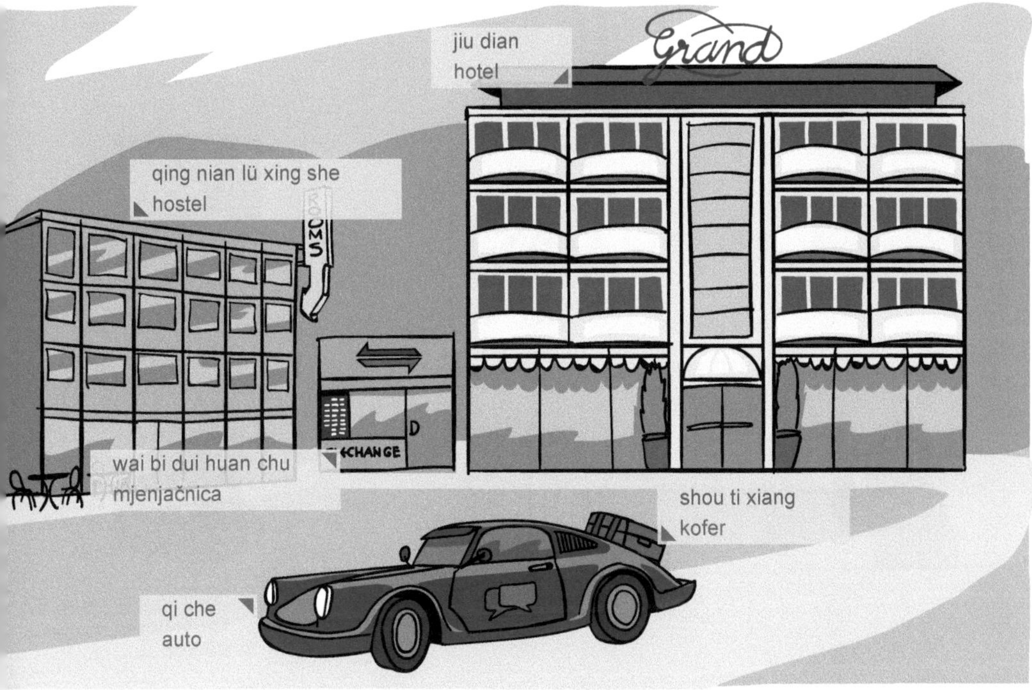

jiu dian
hotel
Grand
qing nian lü xing she
hostel
ROOMS
EXCHANGE
wai bi dui huan chu
mjenjačnica
shou ti xiang
kofer
qi che
auto

yu yan
jezik

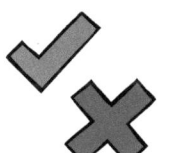

shi/fou
da / ne

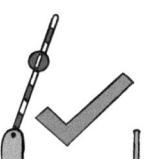

hao de
okej

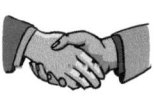

nin hao
zdravo

fan yi yuan
tumač

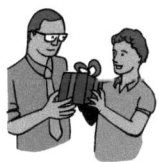

xie xie
hvala

......duo shao qian?

Koliko košta...?

wo bu ming bai

Ne razumijem

wen ti

problem

wan shang hao!

dobro veče!

zao shang hao!

Dobro jutro!

wan an!

Laku noć!

zai jian

doviđenja

fang xiang

smjer

xing li

prtljag

bao

torba

shuang jian bao

ruksak

ke ren

gost

fang jian

soba

shui dai

vreća za spavanje

zhang peng

šator

lü you xin xi

turističke informacije

hai tan

plaža

xin yong ka

kreditna kartica

zao can

doručak

wu can

ručak

wan can

večera

piao

putna karta

dian ti

lift

you piao

poštanska markica

bian jie

granica

hai guan

carina

da shi guan

ambasada

qian zheng

viza

hu zhao

pasoš

jiao tong yun shu

transport

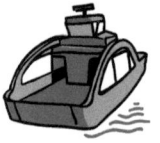

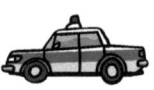

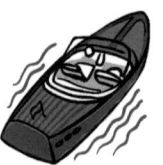

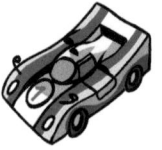

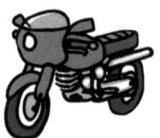

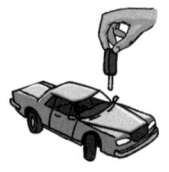

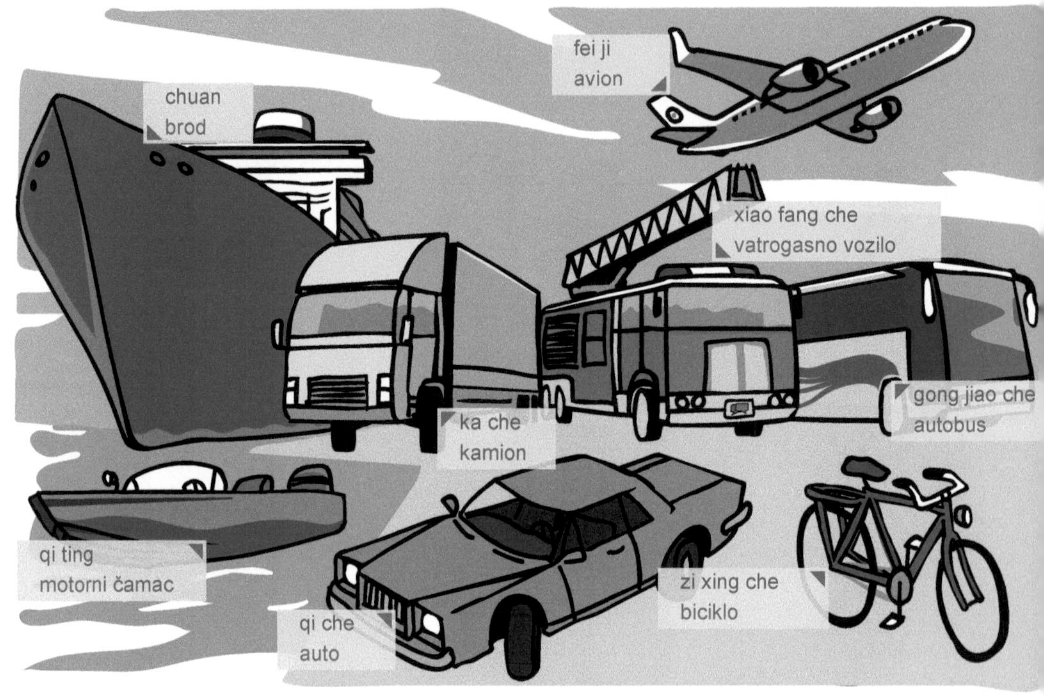
fei ji
avion
chuan
brod
xiao fang che
vatrogasno vozilo
gong jiao che
autobus
ka che
kamion
qi ting
motorni čamac
zi xing che
biciklo
qi che
auto

bai du chuan

trajekt

xiao chuan

brod

mo tuo che

motocikl

jing che

policijski automobil

sai che

trkaći automobil

zu che

unajmljeni automobil

pin che

kar-šering

tuo che

pauk

la ji che

smećarsko vozilo

fa dong ji

motor

qi you

gorivo

jia you zhan

benzinska pumpa

jiao tong biao zhi

saobraćajni znak

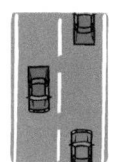

jiao tong

saobraćaj

jiao tong du sai

zastoj

ting che chang

parking

huo che zhan

željeznička stanica

gui dao

šine

huo che

voz

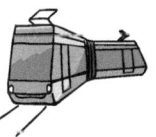

dian che

tramvaj

huo che

vagon

zhi sheng ji

helikopter

ji chang

aerodrom

ta

toranj

cheng ke

putnik

ji zhuang xiang

kontejner

zhi ban xiang

karton

shou tui che

tačke

lan zi

korpa

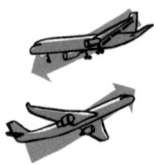

qi fei/jiang luo

poletjeti / sletjeti

cheng shi

grad

cun zhuang

selo

shi zhong xin

centar grada

fang zi

kuća

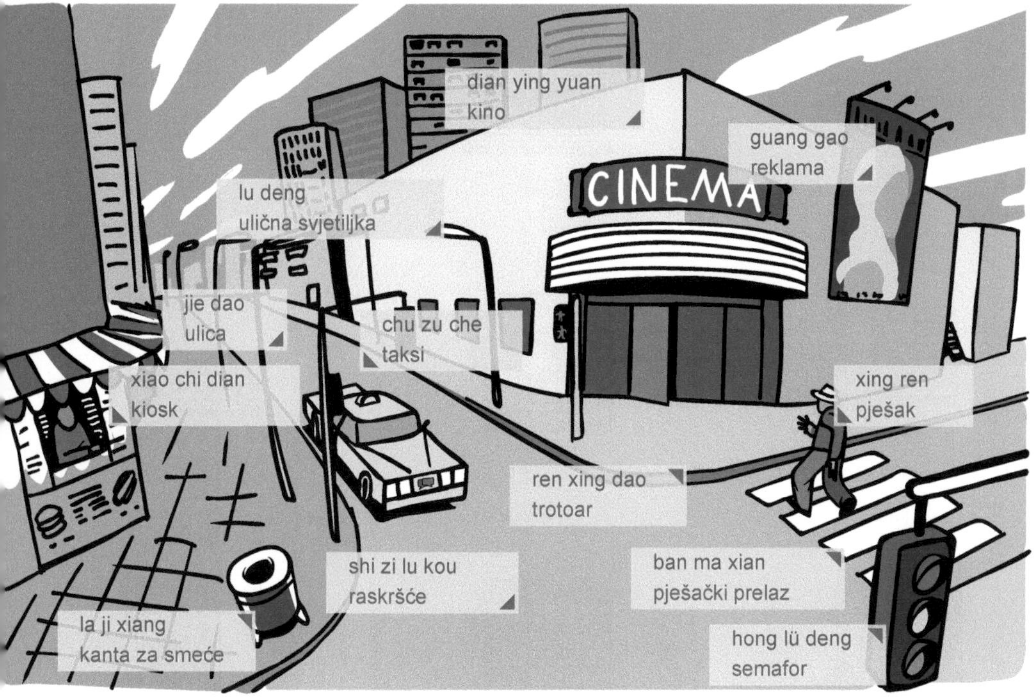

dian ying yuan
kino

guang gao
reklama

lu deng
ulična svjetiljka

CINEMA

jie dao
ulica

chu zu che
taksi

xing ren
pješak

xiao chi dian
kiosk

ren xing dao
trotoar

shi zi lu kou
raskršće

ban ma xian
pješački prelaz

la ji xiang
kanta za smeće

hong lü deng
semafor

xiao wu

koliba

gong yu

stan

huo che zhan

željeznička stanica

shi zheng ting

vjećnica

bo wu guan

muzej

xue xiao

škola

da xue

univerzitet

yin hang

banka

yi yuan

bolnica

jiu dian

hotel

yao fang

apoteka

ban gong shi

ured

shu dian

knjižara

shang dian

radnja

hua dian

cvjećara

chao shi

supermarket

shi chang

pijaca

bai huo shang dian

robna kuća

yu dian

prodavač ribe

gou wu zhong xin

trgovački centar

hai gang

luka

gong yuan

park

chang deng

klupa

qiao

most

lou ti

stepenice

di tie

podzemna željeznica

sui dao

tunel

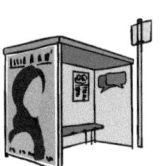

gong jiao che zhan

autobuska stanica

jiu ba

bar

can guan

restoran

you tong

poštanski sandučić

lu biao

saobraćajni znak

ting che ji shi qi

sat za naplatu parkinga

dong wu yuan

zoološki vrt

you yong guan

bazen

qing zhen si

džamija

nong chang

seosko imanje

wu ran

zagađenje okoline

mu di

groblje

jiao tang

crkva

cao chang

igralište

si miao

hram

di xing

krajolik

shu ye
list

zhi shi pai
putokaz

lu
putokaz

cao di
livada

shi tou
kamen

shu
drvo

tu bu lü xing zhe
putnik

he
rijeka

cao
trava

hua
cvijet

xia gu

dolina

shan

brdo

hu

jezero

sen lin

šuma

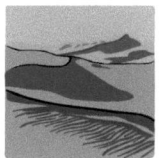

sha mo

pustinja

huo shan

vulkan

cheng bao

dvorac

cai hong

duga

mo gu

gljiva

zong lü shu

palma

wen zi

komarac

cang ying

muha

ma yi

mrav

mi feng

pčela

zhi zhu

pauk

jia chong

buba

qing wa

žaba

song shu

vjeverica

ci wei

jež

ye tu

zec

mao tou ying

sova

niao

ptica

tian e

labud

ye zhu

divlja svinja

lu

jelen

mi lu

los

shui ba

brana

feng li fa dian ji

vjetrenjača

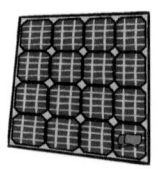

tai yang neng dian chi ban

solarni modul

qi hou

klima

can guan
restoran

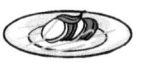

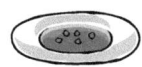

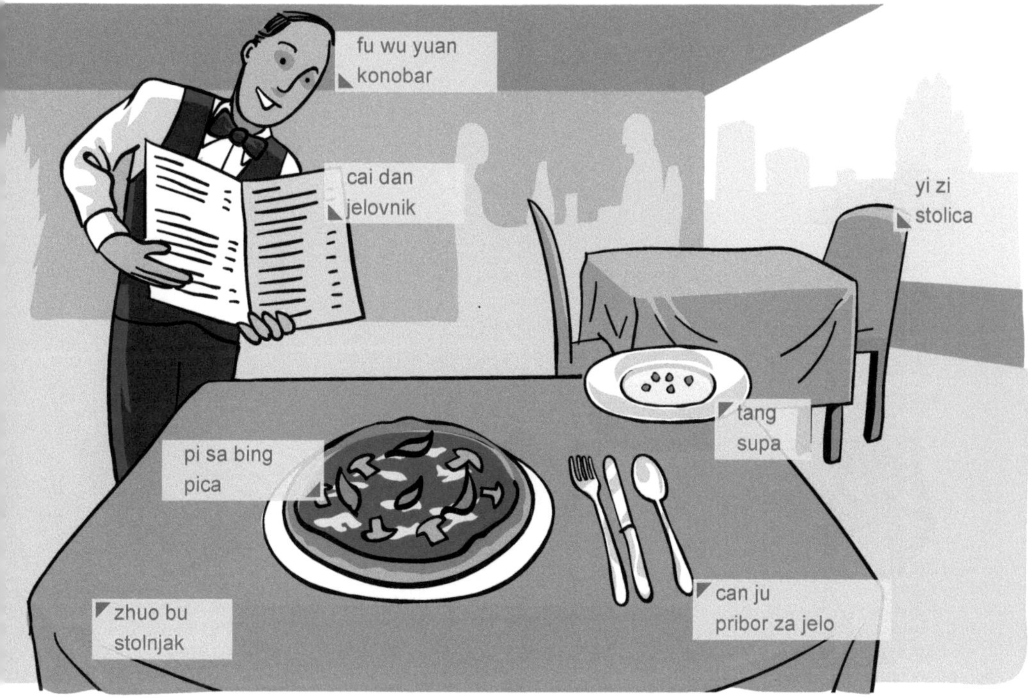

fu wu yuan
konobar
cai dan
jelovnik
yi zi
stolica
tang
supa
pi sa bing
pica
zhuo bu
stolnjak
can ju
pribor za jelo

qian cai

predjelo

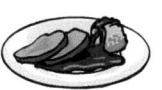

zhu cai

glavno jelo

tian dian

desert

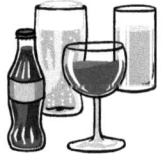

yin liao

piće

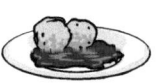

shi wu

jelo

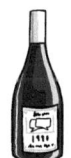

ping zi

flaša

kuai can

brza hrana

jie bian xiao chi

jelo sa ulice

cha hu

čajnik

tang he

šećernica

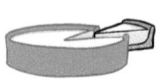

yi fen fan cai

porcija

yi shi ka fei ji

mašina za espreso

gao jiao yi

barska stolica

zhang dan

račun

tuo pan

tacna

dao

nož

can cha

viljuška

shao zi

kašika

cha chi

kašičica

can jin

salveta

bo li bei

čaša

can guan - restoran

die zi
tanjir

tang pan
tanjir za supu

die zi
tanjurić

jiang
sos

yan ping
solanik

hu jiao mo
mlin za biber

cu
sirće

shi yong you
ulje

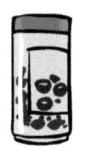

tiao wei liao
začini

fan qie jiang
kečap

jie mo
senf

dan huang jiang
majoneza

chao shi
supermarket

te jia
ponuda
FOR
gu ke
klijent
ru zhi pin
mliječni proizvodi
shui guo
voće
gou wu che
kolica za kupovinu

BUTCHERS

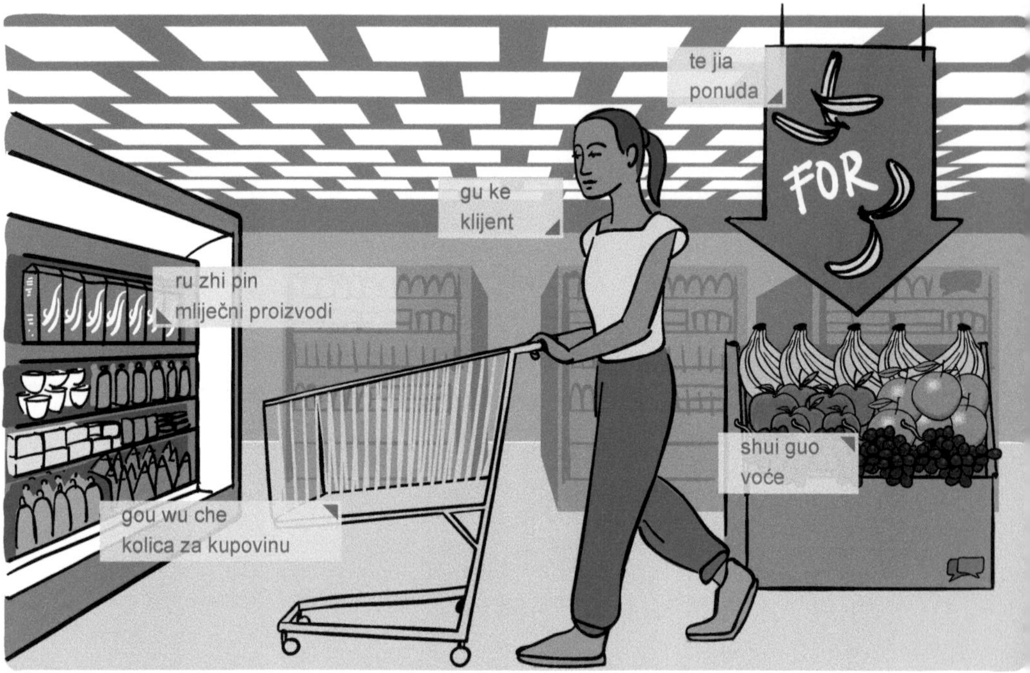

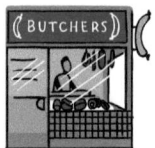

rou pu

mesnica- klaonica

BAKERY

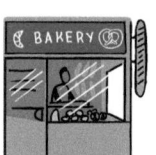

mian bao fang

pekara

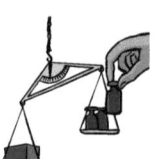

cheng zhong

vagati

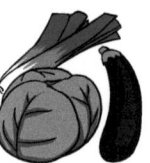

shu cai

povrće

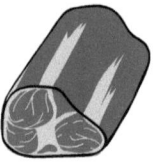

rou

meso

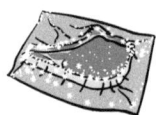

leng dong shi pin

zaleđena hrana

leng pan

narezak

guan tou shi pin

konzerve

xi yi fen

prašak za veš

tian shi

slatkiši

ri yong pin

kućanski proizvodi

qing jie yong pin

sredstvo za čišćenje

xiao shou yuan

prodavačica

shou yin ji

kasa

shou yin yuan

blagajnik

gou wu qing dan

lista za kupovinu

kai fang shi jian

radno vrijeme

qian bao

novčanik

xin yong ka

kreditna kartica

dai zi

torba

su liao dai

najlonska vrećica

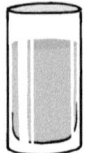

shui

voda

guo zhi

sok

niu nai

mlijeko

ke le

kola

hong jiu

vino

pi jiu

pivo

jiu

alkohol

ke ke

kakao

cha

čaj

ka fei

kafa

yi shi nong suo ka fei

espreso

ka bu qi nuo

kapućino

xiang jiao

banana

ping guo

jabuka

cheng zi

narandža

xi gua

lubenica

ning meng

limun

hu luo bo

mrkva

da suan

bijeli luk

zhu zi

bambus

yang cong

crveni luk

mo gu

gljiva

jian guo

orašasti plodovi

mian tiao

pasta

yi da li mian tiao

špagete

mi fan

riža

sha la

salata

shu tiao

pomfrit

zha tu dou

pečeni krompir

pi sa bing

pica

han bao bao

hamburger

san ming zhi

sendvič

zha zhu pai

šnicla

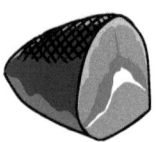

huo tui

šunka

sa la mi

kobasica

xiang chang

kobasica

ji rou

kokoš

kao rou

pečenje

yu

riba

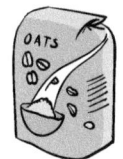

yan mai pian

zobene pahuljice

mu zi li

muzli

yu mi pian

kornfleks

mian fen

brašno

yang jiao mian bao

kroason

mian bao juan

zemičke

mian bao

kruh

kao mian bao

tost

bing gan

keksi

huang you

maslac

ning ru

svježi sir

dan gao

kolač

dan

jaje

jian dan

jaje na oko

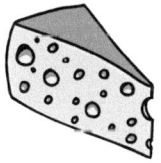

nai lao

sir

bing ji lin

sladoled

tang

šećer

feng mi

med

guo jiang

marmelada

qiao ke li jiang

nugat krema

ga li fan

kuri

nong chang
seosko imanje

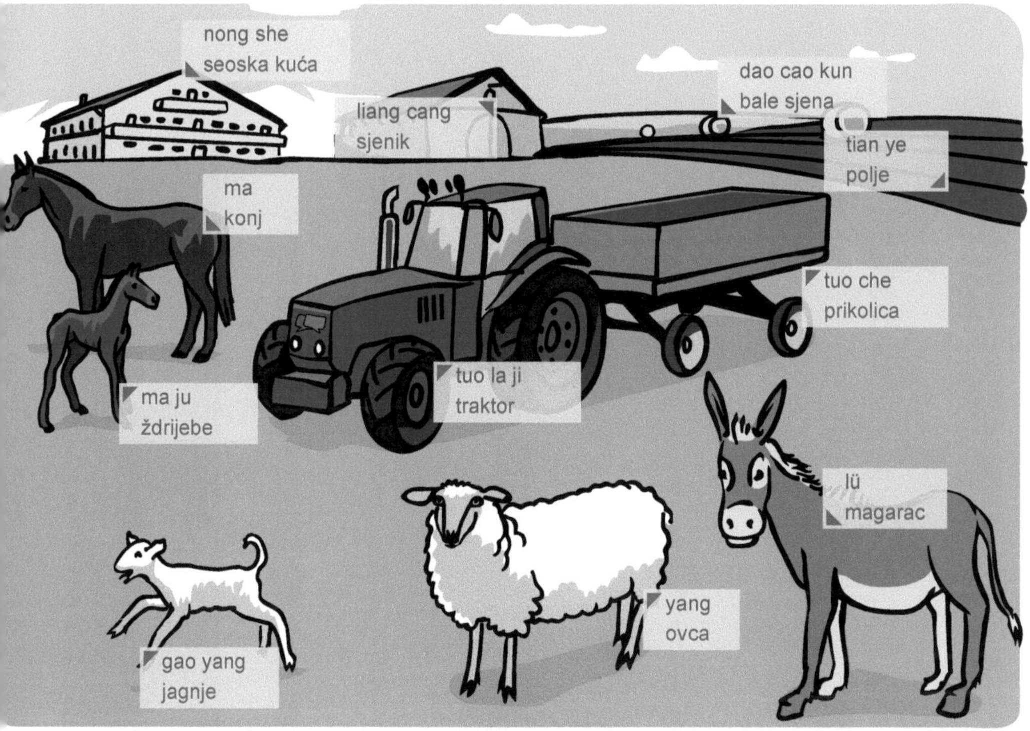

nong she
seoska kuća
liang cang
sjenik
dao cao kun
bale sjena
tian ye
polje
ma
konj
tuo che
prikolica
ma ju
ždrijebe
tuo la ji
traktor
lü
magarac
yang
ovca
gao yang
jagnje

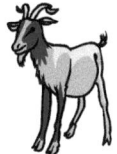

shan yang

koza

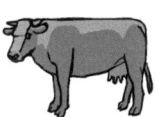

nai niu

krava

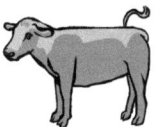

niu du

tele

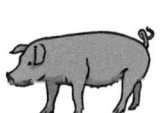

zhu

svinja

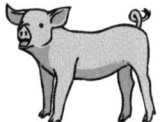

xiao zhu

prase

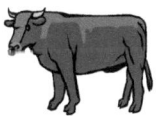

gong niu

bik

e

guska

ya

patka

xiao ji

pile

mu ji

kokoška

gong ji

pjetao

shu

pacov

mao

mačka

lao shu

miš

niu

vol

gou

pas

gou wu

pseća kućica

hua yuan jiao shui ruan guan

crijevo za baštu

sa shui hu

kanta za zalijevanje

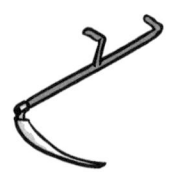

chang bing da lian dao

kosa

li

plug

lian dao

srp

chu tou

motika

chang bing cao pa

vile

fu tou

sjekira

du lun shou tui che

tačke

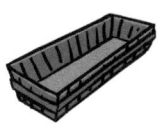

si liao cao

korito

niu nai guan

bokal za mlijeko

ma bu dai

vreća

zha lan

ograda

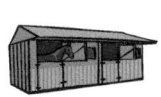

ma jiu

štala

wen shi

staklenik

tu rang

tlo

zhong zi

sjeme

fei liao

đubrivo

lian he shou ge ji

kombajn

shou ge

kositi

shou ge

žetva

shan yao

jam korijen

xiao mai

pšenica

da dou

soja

tu dou

krompir

yu mi

kukuruz

you cai zi

uljana repica

guo shu

drvo voća

shu shu

manioka

gu wu

žito

fang zi
kuća

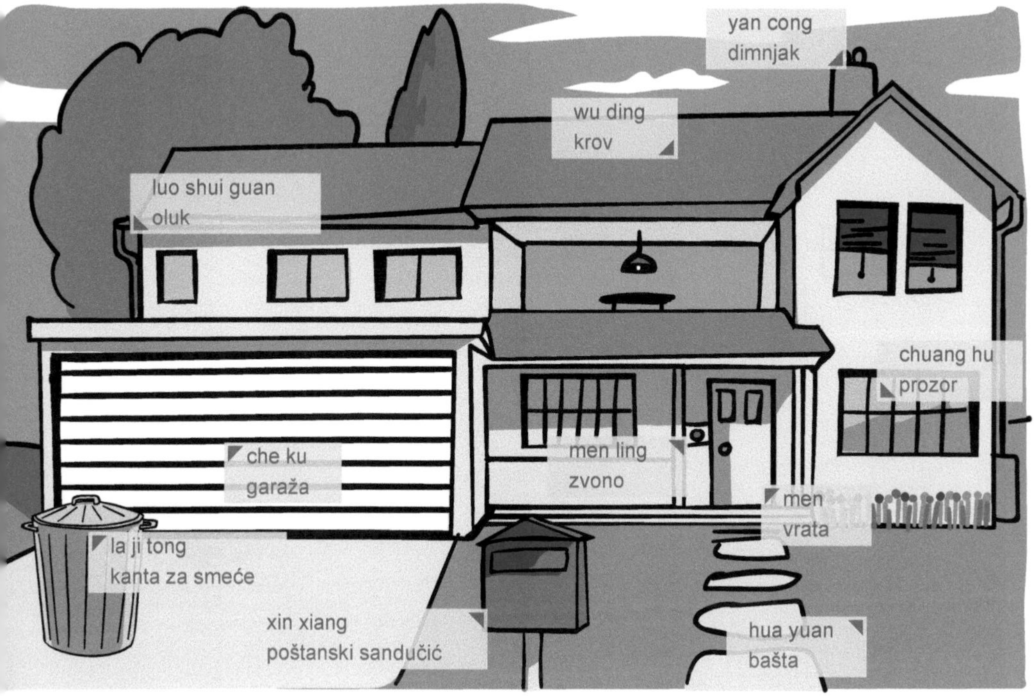
yan cong
dimnjak
wu ding
krov
luo shui guan
oluk
chuang hu
prozor
che ku
garaža
men ling
zvono
men
vrata
la ji tong
kanta za smeće
xin xiang
poštanski sandučić
hua yuan
bašta

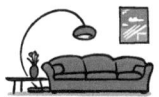

ke ting

dnevni boravak

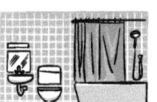

yu shi

kupatilo

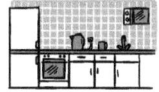

chu fang

kuhinja

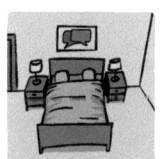

wo shi

spavaća soba

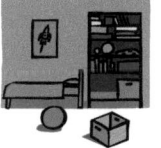

er tong fang

dječija soba

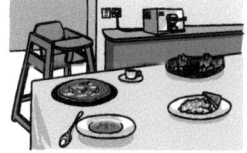

can ting

trpezarija

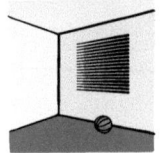

di ban

pod, tlo

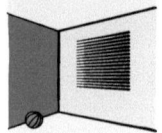

qiang bi

zid

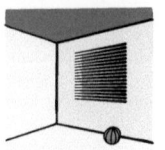

diao ding

plafon

di jiao

podrum

sang na

sauna

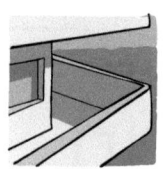

yang tai

balkon

lu tai

terasa

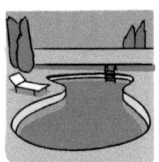

you yong chi

bazen

ge cao ji

kosilica

bei dan

posteljina

chuang zhao

pokrivač

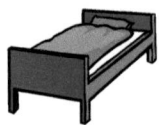

chuang

krevet

sao zhou

metla

shui tong

kanta

kai guan

prekidač

ke ting

dnevni boravak

bi zhi
tapeta
zhao pian
fotografija
tai deng
lampa
ge jia
polica
chu gui
ormar
dian shi ji
televizija
bi lu
dimnjak
hua
cvijet
dian zi
jastuk
sha fa
kauč
hua ping
vaza
yao kong qi
daljinski upravljač

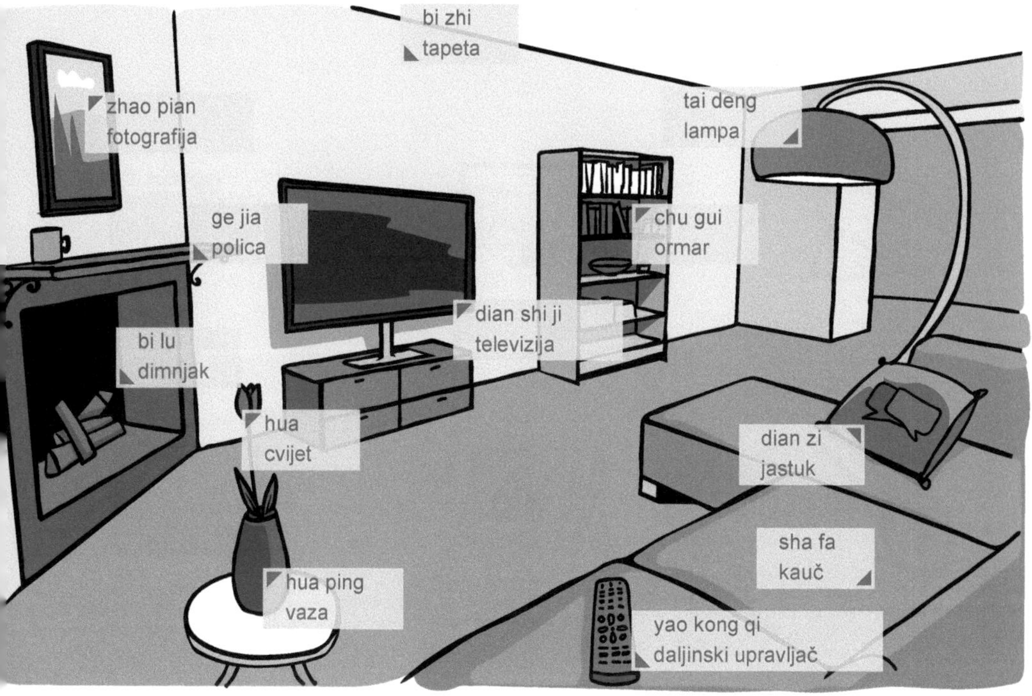

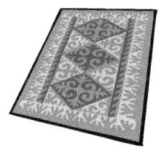

di tan

tepih

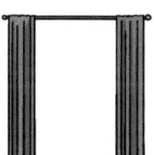

chuang lian

zavjesa

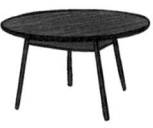

can zhuo

stol

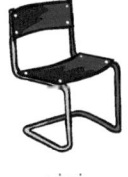

yi zi

stolica

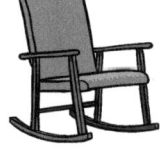

yao yi

stolica za ljuljanje

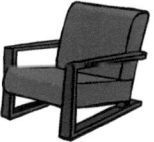

fu shou yi

fotelja

shu

knjiga

tan zi

deka

zhuang shi pin

dekoracija

mu chai

ložno drvo

dian ying

film

gao bao zhen yin xiang

stereo uređaj

yao shi

ključ

bao zhi

novine

you hua

umjetnička slika

hai bao

poster

shou yin ji

radio

bi ji ben

blok za bilješke

xi chen qi

usisavač

xian ren zhang

kaktus

la zhu

svijeća

chu fang
kuhinja

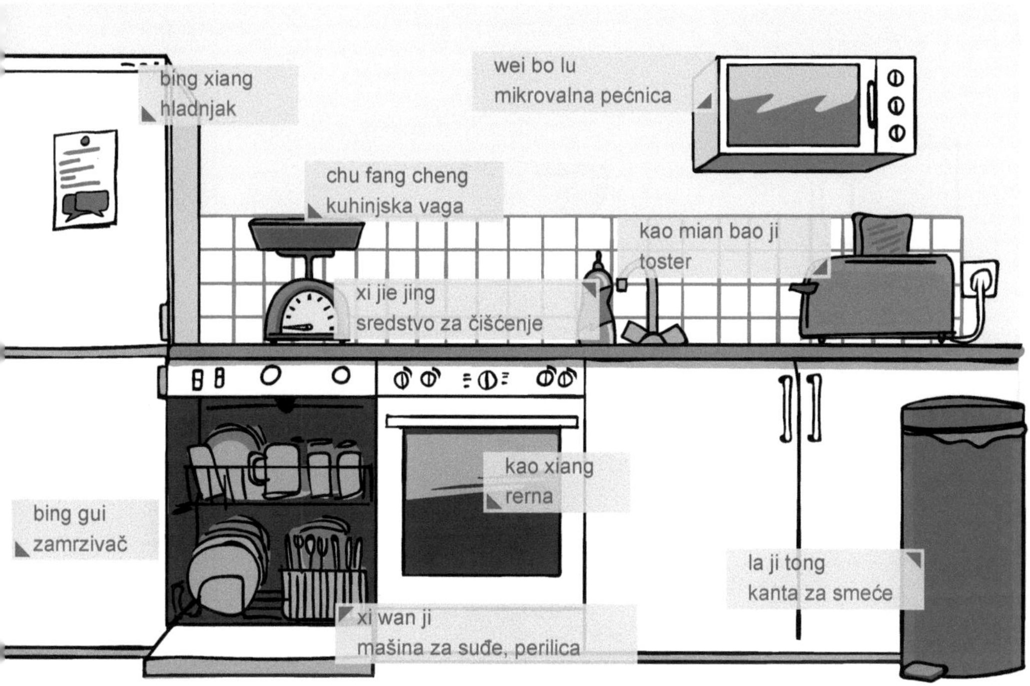

bing xiang
hladnjak
wei bo lu
mikrovalna pećnica
chu fang cheng
kuhinjska vaga
kao mian bao ji
toster
xi jie jing
sredstvo za čišćenje
kao xiang
rerna
bing gui
zamrzivač
la ji tong
kanta za smeće
xi wan ji
mašina za suđe, perilica

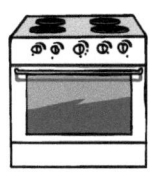

chui ju

peć

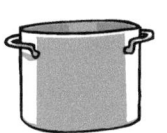

guo

lonac

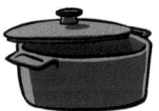

zhu tie guo

metalni lonac

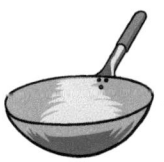

sha guo

vok / kadai

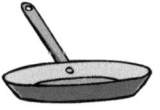

ping di guo

tava, tiganj

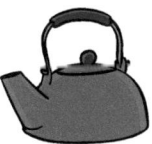

shui hu

kuhalo

zheng guo

aparat za kuhanje na pari

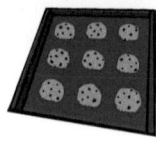

kao pan

lim za pečenje

tao ci guo

posuđe

ma ke bei

šalica

wan

činija

kuai zi

kineski štapići

chang bing shao

kutlača

chan zi

lopatica

jiao ban qi

metlica za snijeg bjelanjca

lü wang

sito za kuhanje

shai zi

sito

mo sui ji

ribež

yan bo

avan s tučkom

shao kao

roštilj

ming huo

ložište

cai ban

daska

gan mian zhang

oklagija

kai ping qi

vadičep

guan zi

konzerva

kai ping qi

otvarač za konzerve

ge re shou tao

krpe za lonac

shui cao

sudoper

shua zi

četka

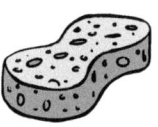

hai mian

spužva

jiao ban ji

mikser

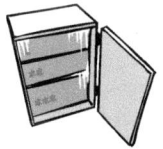

leng cang xiang

zamrzivač

nai ping

flašica za bebu

shui long tou

slavina

yu shi
kupatilo

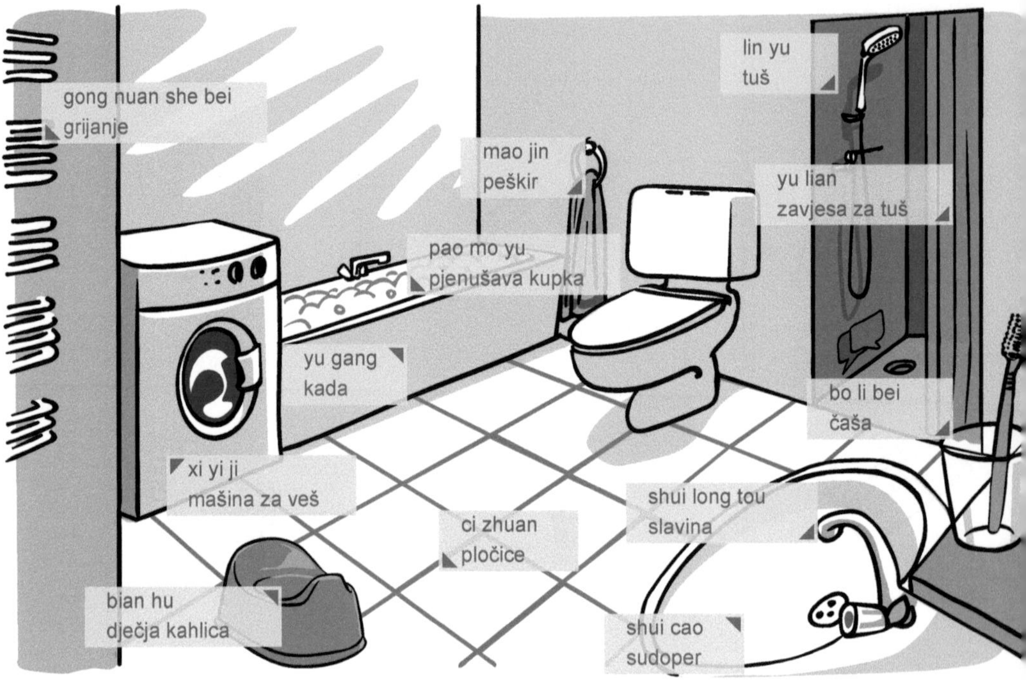
gong nuan she bei
grijanje
lin yu
tuš
mao jin
peškir
yu lian
zavjesa za tuš
pao mo yu
pjenušava kupka
yu gang
kada
bo li bei
čaša
xi yi ji
mašina za veš
shui long tou
slavina
ci zhuan
pločice
bian hu
dječja kahlica
shui cao
sudoper

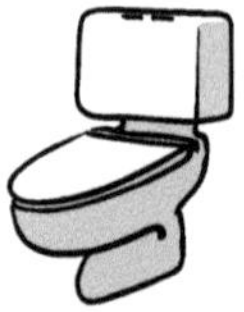

ce suo

toalet

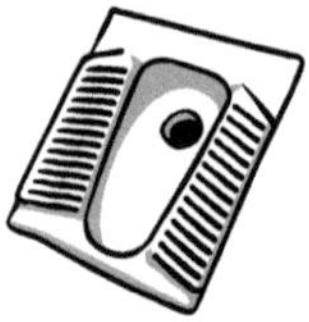

dun bian qi

čučavac

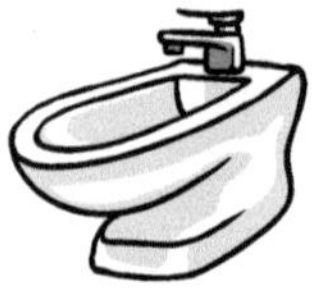

zuo yu qi

bide

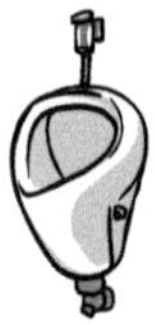

xiao bian chi

pisoar

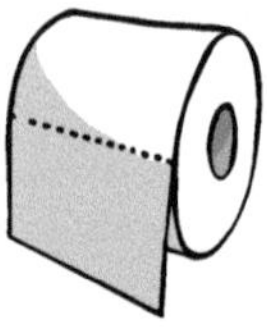

ce zhi

toalet papir

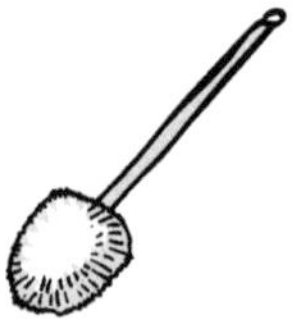

ma tong shua

četka za wc

ya shua

četkica za zube

ya gao

pasta za zube

ya xian

zubni konac

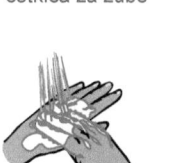

xi

prati

shou chi shi pen lin tou

tuš

chong xi qi

intimni tuš

xi lian pen

lavor

ca bei shua

četka za leđa

fei zao

sapun

mu yu lu

gel za tuširanje

xi fa shui

šampon

fa lan rong

krpe za pranje

pai shui

odvod

ru shuang

krema

chu chou ji

dezodorans

jing zi

ogledalo

shou jing

ogledalo za šminkanje

ti xu dao

brijač

ti xu pao mo

pjena za brijanje

xu hou shui

vodica poslije brijanja

shu zi

češalj

shua zi

četka

chui feng ji

fen

pen fa ding xing ji

sprej za kosu

hua zhuang pin

puder

chun gao

karmin

zhi jia you

lak za nokte

hua zhuang mian

vata

zhi jia jian

makazice za nokte

xiang shui

parfem

xi shu bao

kozmetička torbica

deng zi

hoklica

ji zhong cheng

vaga

yu pao

kupaći ogrtač

xiang jiao shou tao

rukavice za čišćenje

wei sheng mian tiao

tampon

wei sheng jin

uložak za dame

hua xue ce suo

hemijski toalet

er tong fang

dječija soba

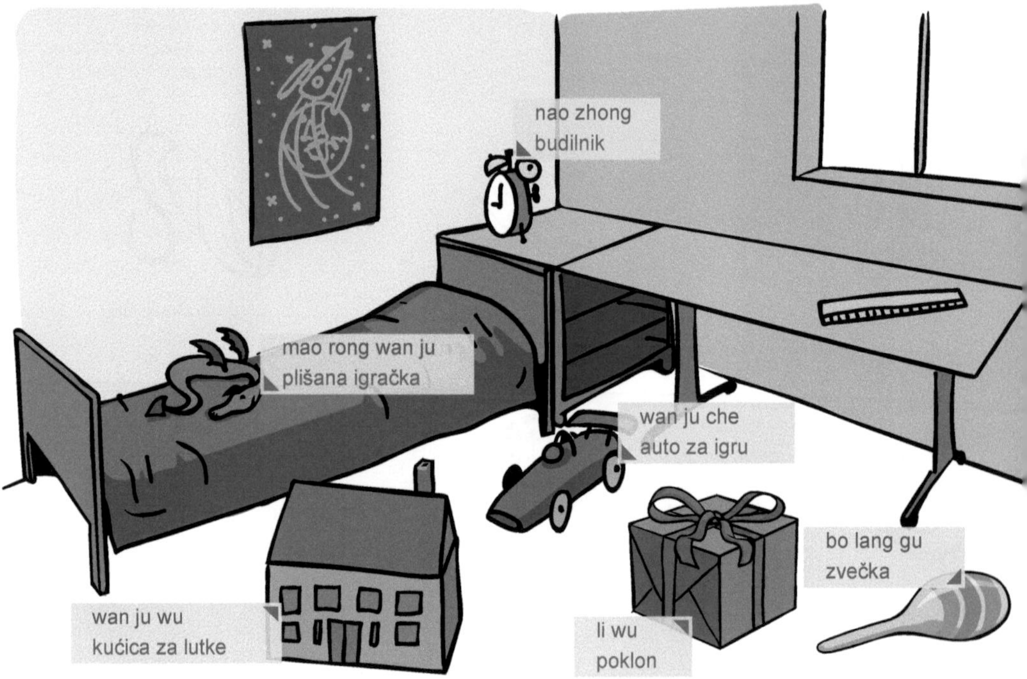
nao zhong
budilnik
mao rong wan ju
plišana igračka
wan ju che
auto za igru
bo lang gu
zvečka
wan ju wu
kućica za lutke
li wu
poklon

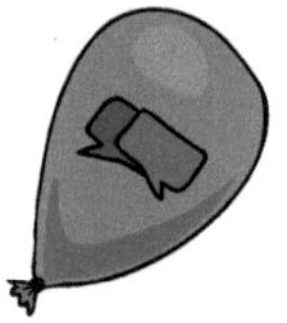

qi qiu

balon

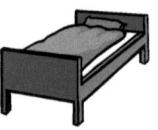

chuang

krevet

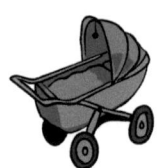

(yang wa wa yong)ying er che

kolica za djecu

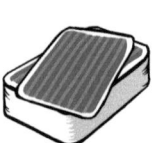

pu ke pai

karte za igranje

pin tu

puzle

SUPER
MEGA

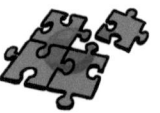

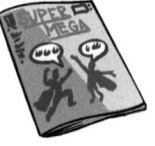

man hua

strip

le gao ji mu

lego kockice

ji mu wan ju

kockice za gradnju

wan ju ren

akcione figure

ying er fu

benkica

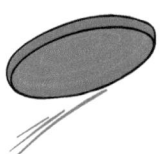

fei pan

frizbi

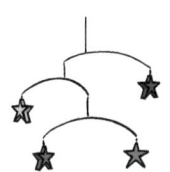

chuang ling wan ju

mobile

qi pan you xi

igra na ploči

shai zi

kocka

huo che mo xing

miniatura željeznice

an fu nai zui

cucla

ju hui

zabava

hui ben

slikovnica

qiu

lopta

yang wa wa

lutka

wan

igrati

sha keng

pješćanik

qiu qian

ljuljačka

wan ju

igračke

you xi ji

konzola za igru

san lun che

triciklo

tai di xiong

medvjedić

yi chu

ormar

yi fu

odjeća

wa zi

kratke čarape

chang wa

čarape

jin shen ku

hulahopke

wei jin
šal

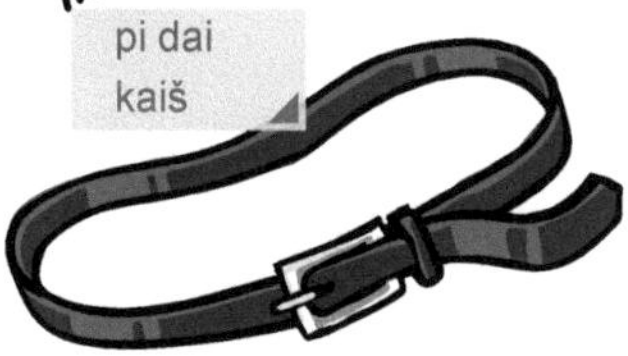

pi dai
kaiš

yu san
kišobran

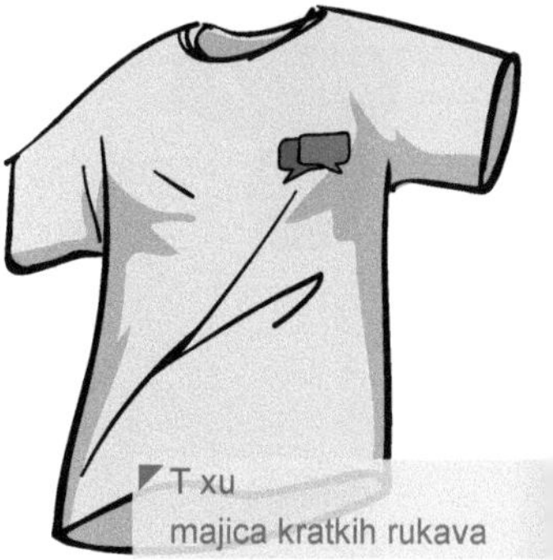

T xu
majica kratkih rukava

yun dong xie
patike

xue zi
čizme

tuo xie
papuče

liang xie

sandale

xie

cipele

yu xue

gumene čizme

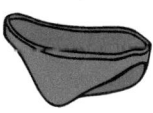

nei ku

gaće

xiong zhao

grudnjak

bei xin

potkošulja

shen ti
....
bodi

ku zi
....
hlače

niu zai ku
....
farmerke

duan qun
....
suknja

nü shi chen shan
....
bluza

chen shan
....
košulja

tao tou shan
....
džemper

wei yi
....
majica

xi zhuang jia ke
....
sako

jia ke
....
jakna

wai tao
....
mantil

yu yi
....
kišni mantil

tao zhuang
....
kostim

lian yi qun
....
haljina

hun sha
....
vjenčanica

xi zhuang

odijelo

shui pao

spavaćica

shui yi

pidžama

sha li

sari

tou jin

marama

bao tou jin

turban

bo ka

burka

ka fu tan

kaftan

(a la bo shi)chang pao

abaja

yong yi

kupaći kostim

nan shi yong ku

kupaće gaće

duan ku

kratke hlače

yun dong fu

trenerka

wei qun

pregača

shou tao

rukavice

niu kou

dugme

yan jing

naočare

shou lian

narukvica

xiang lian

ogrlica

jie zhi

prsten

er huan

naušnica

bian mao

kapa

yi jia

vješalica

mao zi

šešir

ling dai

kravata

la lian

patentni zatvarač

tou kui

kaciga

bei dai

tregeri za hlače

xiao fu

školska uniforma

zhi fu

uniforma

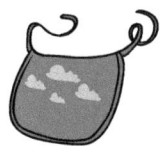

wei dou

podbradak

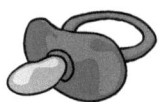

an fu nai zui

cucla

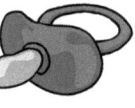

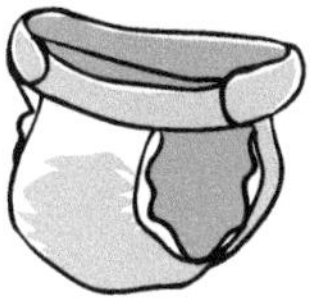

niao bu shi

pelene

ban gong shi

ured

fu wu qi
server
wen jian gui
ormar za kartoteku
da yin ji
štampač
zhi
papir
xian shi ping
monitor
shu biao
miš
ban gong zhuo
pisaći sto
wen jian jia
registrator
jian pan
tastatura
fei zhi kuang
korpa za papir
dian nao
kompjuter
yi zi
stolica

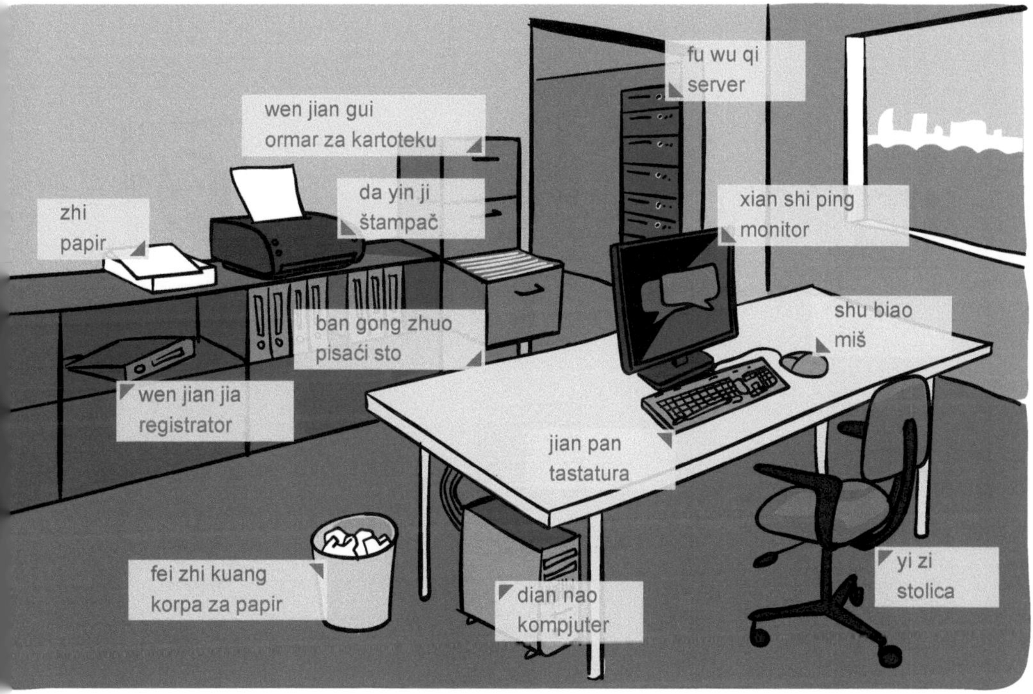

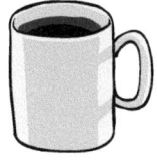

ka fei bei

šolja za kafu

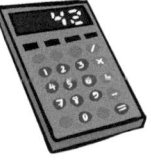

ji suan qi

kalkulator

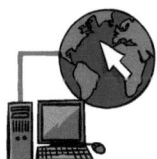

yin te wang

internet

bi ji ben dian nao

laptop

xin jian

pismo

xiao xi

poruka

shou ji

mobilni telefon

wang luo

mreža

fu yin ji

aparat za kopiranje

ruan jian

softver

dian hua

telefon

cha zuo

utičnica

chuan zhen ji

faks

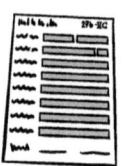

biao ge

formular

wen jian

dokument

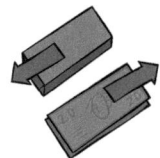

mai

kupovati

fu qian

platiti

jiao yi

trgovati

xian jin

novac

mei yuan

dolar

ou yuan

euro

ri yuan

jen

lu bu

rublja

rui shi fa lang

franak

ren min bi

renminbi jen

lu bi

rupi

ti kuan chu

bankomat

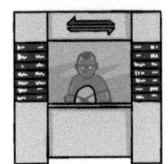

wai bi dui huan chu

mjenjačnica

jin

zlato

yin

srebro

shi you

nafta

neng yuan

energija

jia ge

cijena

he tong

ugovor

shui jin

porez

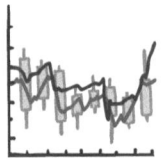

gu piao

akcija

gong zuo

raditi

zhi yuan

službenik

lao ban

poslodavac

gong chang

fabrika

shang dian

radnja

zhi ye
zanimanja

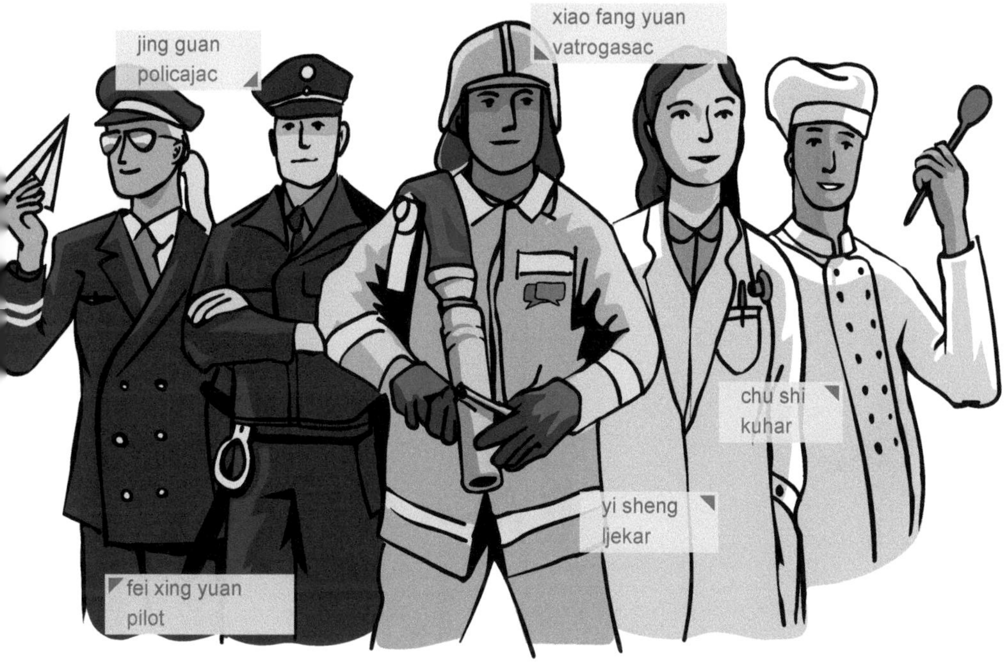
jing guan
policajac
xiao fang yuan
vatrogasac
chu shi
kuhar
yi sheng
ljekar
fei xing yuan
pilot

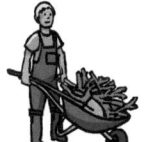

yuan ding

baštovan

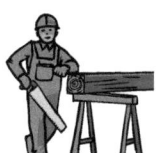

mu jiang

stolar

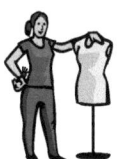

cai feng

krojačica

fa guan

sudija

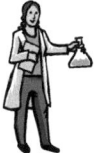

hua xue jia

hemičar

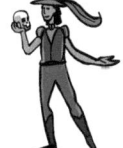

yan yuan

glumac

gong jiao che si ji

vozač autobusa

chu zu che si ji

vozač taksija

yu fu

ribar

qing jie nü gong

čistačica

wu ding gong

krovopokrivač

fu wu yuan

konobar

lie ren

lovac

hua jia

moler

mian bao shi

pekar

dian gong

električar

jian zhu gong ren

građevinski radnik

gong cheng shi

inženjer

tu fu

koljač

shui guan gong

limar, vodoinstalater

you di yuan

poštar

shi bing

vojnik

jian zhu shi

arhitekta

shou yin yuan

blagajnik

hua nong

cvjećar

li fa shi

frizer

shou piao yuan

kontrolor

ji xie shi

mehaničar

chuan zhang

kapiten

ya yi

zubar

ke xue jia

naučnik

la bi

rabin

yi ma mu

imam

he shang

monah

mu shi

sveštenik

gong ju
alat

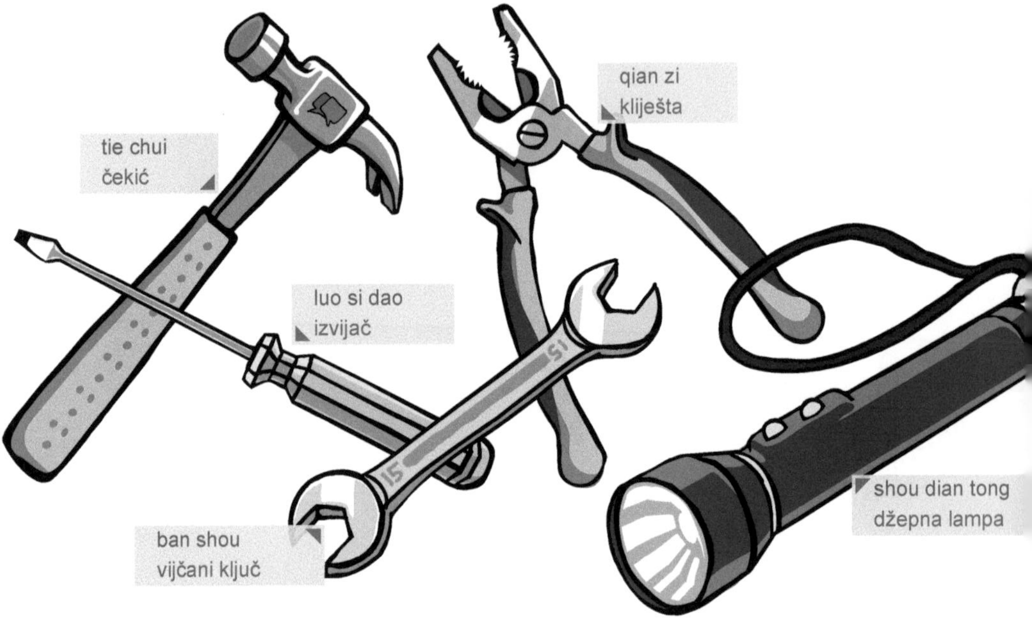
tie chui
čekić
qian zi
kliješta
luo si dao
izvijač
ban shou
vijčani ključ
shou dian tong
džepna lampa

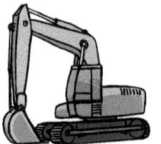

wa jue ji

bager

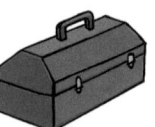

gong ju xiang

kutija sa alatom

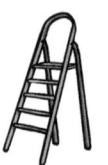

ti zi

ljestve

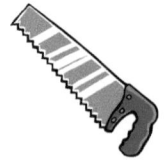

ju zi

testera, pila

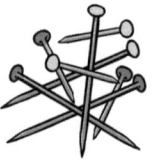

ding zi

ekser

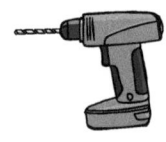

zuan ji

bušilica

xiu

popraviti

chan zi

lopata

kao!

sranje!

bo ji

lopatica

you qi tong

kanta boje

luo si

vijak

yue qi
muzički instrumenti

da ji yue qi
bubnjevi

yang sheng qi
zvučnik

ji ta
gitara

di yin ti qin
kontrabas

xiao hao
truba

gang qin

klavir

xiao ti qin

violina

bei si

bas

ding yin gu

bubanj timpani

gu

bubanj

dian zi qin

sintisajzer

sa ke si guan

saksofon

chang di

flauta

mai ke feng

mikrofon

dong wu yuan
zološki vrt

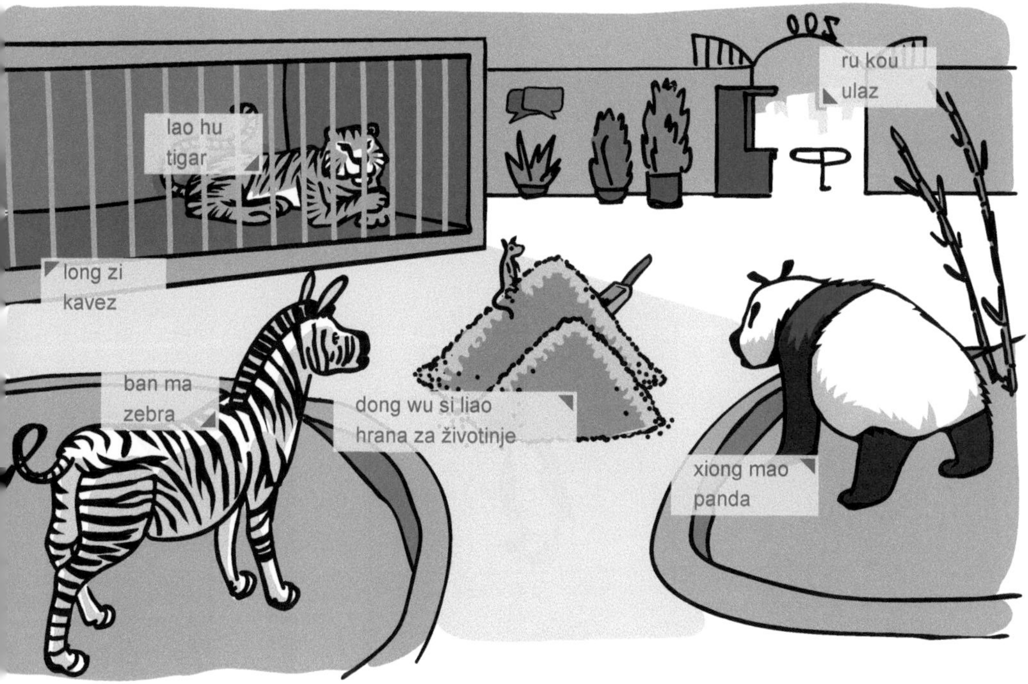

ru kou
ulaz
lao hu
tigar
long zi
kavez
ban ma
zebra
dong wu si liao
hrana za životinje
xiong mao
panda

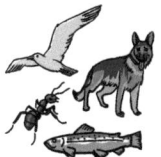

dong wu

životinje

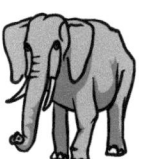

da xiang

slon

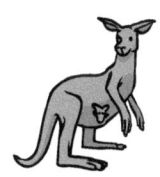

dai shu

kengur

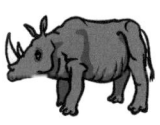

xi niu

nosorog

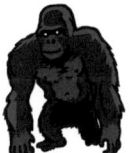

da xing xing

gorila

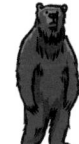

xiong

medvjed

luo tuo

kamila

tuo niao

noj

shi zi

lav

hou zi

majmun

huo lie niao

flamingo

ying wu

papagaj

bei ji xiong

polarni medvjed

qi e

pingvin

sha yu

morski pas

kong que

paun

she

zmija

e yu

krokodil

dong wu yuan guan li yuan

čuvar u zoološkom vrtu

hai bao

tuljan

mei zhou bao

jaguar

ai zhong ma

poni

bao

leopard

he ma

nilski konj

chang jing lu

žirafa

lao ying

orao

ye zhu

divlja svinja

yu

riba

gui

kornjača

hai xiang

morž

hu li

lisica

ling yang

gazela

gan lan qiu
američki fudbal

qi zi xing che
vožnja bicikla

wang qiu
tenis

lan qiu
košarka

you yong
plivanje

quan ji
boks

bing qiu
hokej na ledu

ying shi zu qiu

fudbal

yu mao qiu

bedminton

tian jing

laka atletika

shou qiu

rukomet

hua xue

skijanje

ma qiu

polo

huo dong
aktivnosti

xiao
smijati se
tiao
skakati
yong bao
zagrliti
zou lu
ići
chang
pjevati
zuo meng
sanjati
qi dao
moliti
qin wen
ljubiti

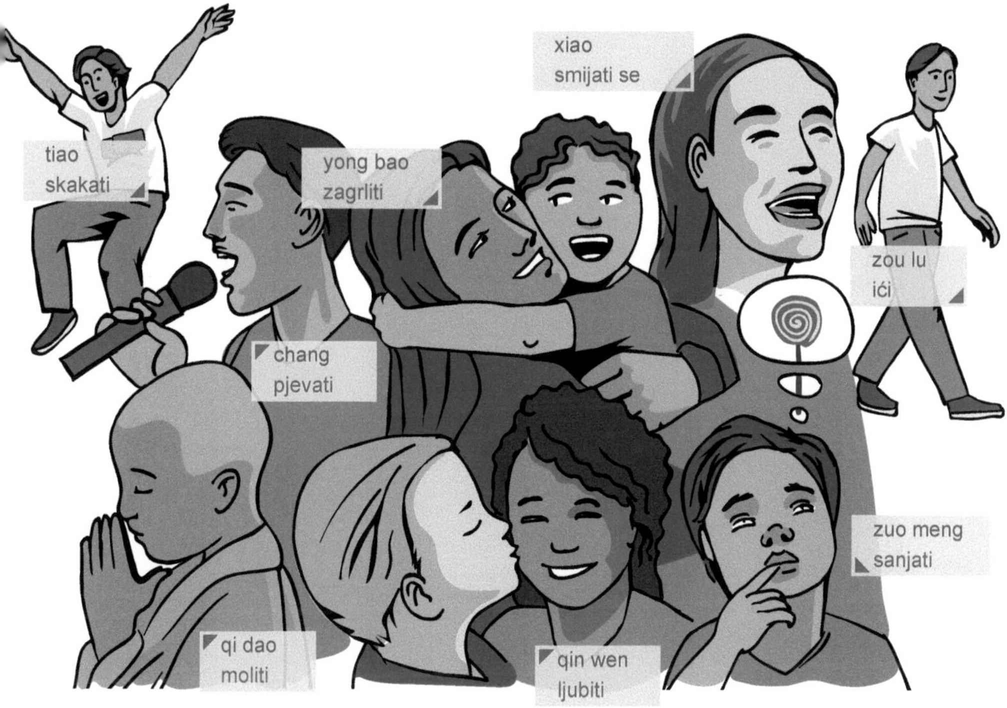

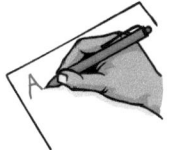

shu xie
pisati

hua
crtati

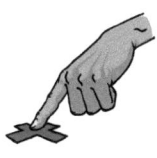

zhan shi
pokazati

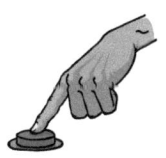

tui
gurati

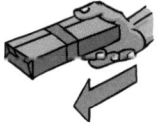

gei
dati

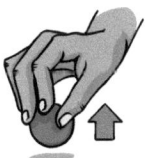

na
uzeti

you

imati

zuo

raditi

dang

biti

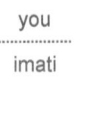

zhan

stajati

pao

trčati

la

vući

reng

baciti

shuai dao

pasti

tang

ležati

deng dai

čekati

xie dai

nositi

zuo

sjediti

chuan yi

obući

shui jiao

spavati

xing lai

probuditi

kan

pogledati

ku

plakati

fu mo

milovati

shu tou

češljati

jiao tan

govoriti

ming bai

razumjeti

wen

pitati

ting

slušati

he

piti

chi

jesti

qing li

pospremiti

ai

voljeti

zuo fan

kuhati

kai che

voziti

fei

letjeti

hang xing

jedriti

ji suan

računati

du

čitati

xue xi

učiti

gong zuo

raditi

jie hun

vjenčavti

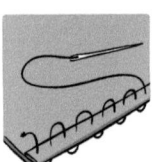

feng

šiti

shua ya

prati zube

sha

ubiti

chou yan

pušiti

ji

slati

jia
porodica

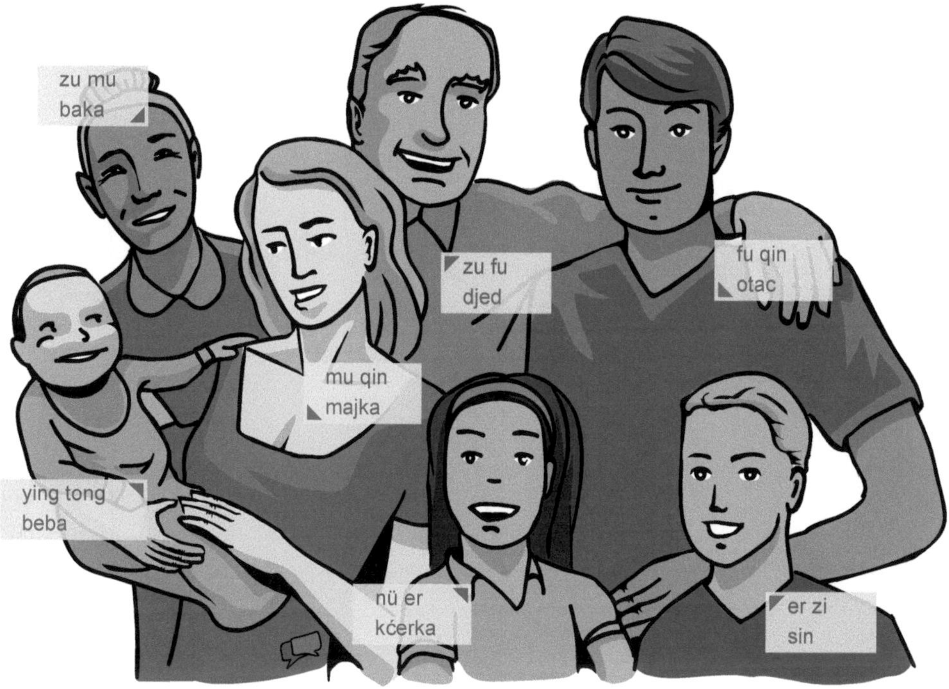
zu mu
baka
zu fu
djed
fu qin
otac
mu qin
majka
ying tong
beba
nü er
kćerka
er zi
sin

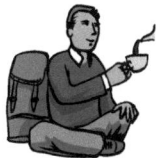

ke ren

gost

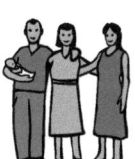

a yi

ujna, tetka, strina

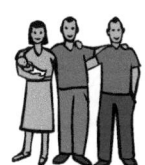

shu shu

ujak, tetak, stric

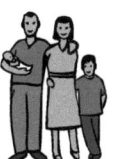

xiong di

brat

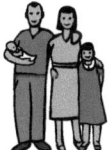

jie mei

sestra

shen ti
tijelo

qian e
čelo
yan jing
oko
jian bang
leđa
shou zhi
prst
lian
lice
xia ba
brada
shou
ruka, šaka
ru fang
grudi
tui
noga
shou bi
ruka

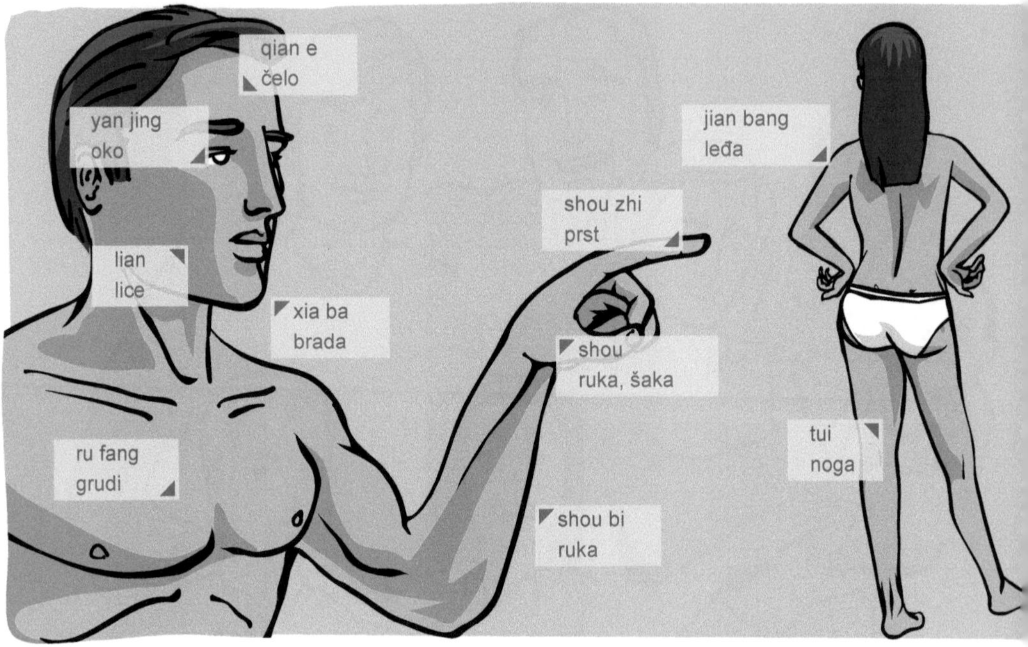

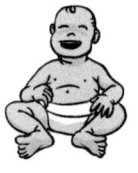

ying tong

beba

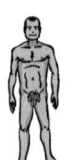

nan ren

muškarac

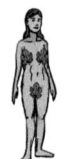

nü ren

žena

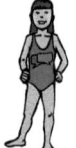

nü hai

djevojčica

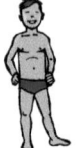

nan hai

dječak

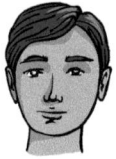

tou

glava

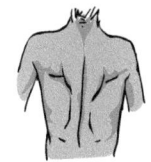

bei bu

leđa

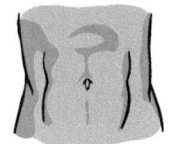

du zi

stomak

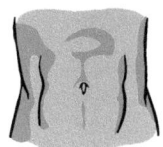

du qi

pupak

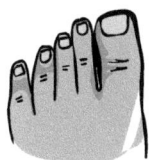

jiao zhi

nožni prst

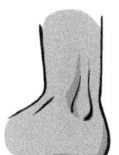

jiao hou gen

peta

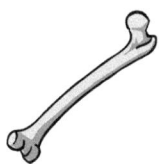

gu tou

kosti

tun bu

kuk

xi gai

koljeno

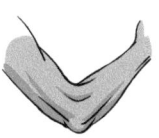

shou zhou

lakat

bi zi

nos

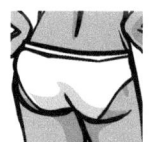

pi gu

stražnjica

pi fu

koža

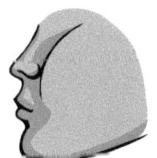

lian jia

obraz

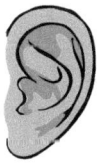

er duo

uho

zui chun

usna

zui

usta

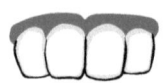

ya chi

zub

she tou

jezik

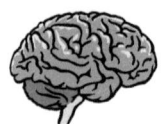

nao

mozak

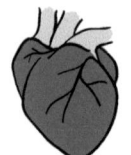

xin zang

srce

ji rou

mišić

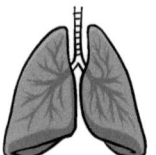

fei

pluća

gan zang

jetra

wei

želudac

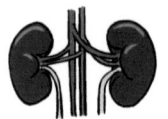

shen zang

bubreg

xing jiao

spolni odnos

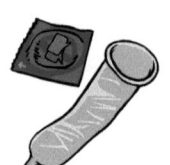

bi yun tao

kondom

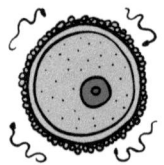

luan zi

jajna ćelija

jing zi

sperma

huai yun

trudnoća

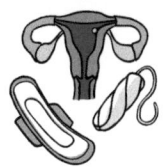

yue jing

menstruacija

yin dao

vagina

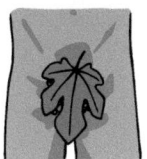

yin jing

penis

mei mao

obrva

tou fa

kosa

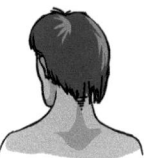

bo zi

vrat

yi yuan
bolnica

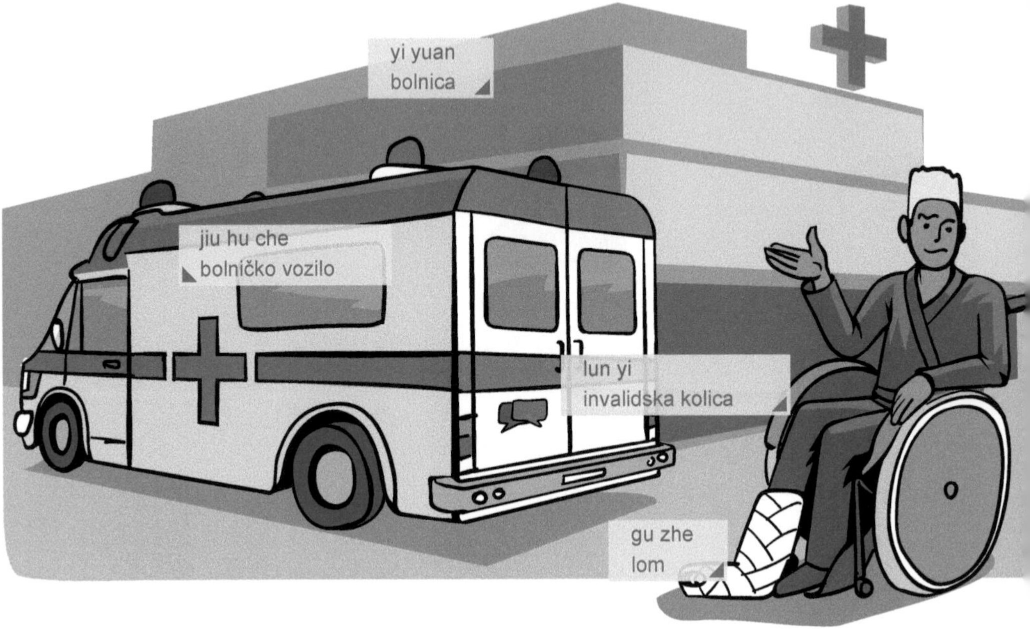

yi yuan
bolnica
jiu hu che
bolničko vozilo
lun yi
invalidska kolica
gu zhe
lom

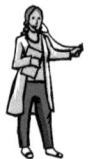

yi sheng

ljekar

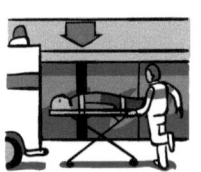

ji zhen shi

hitna služba

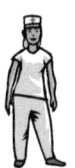

hu shi

medicinska sestra

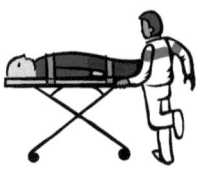

jin ji qing kuang

hitna pomoć

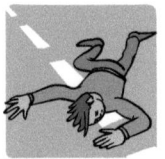

hun mi

nesvjest

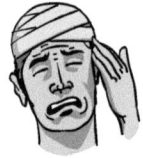

tong

bol

shou shang

povreda

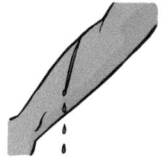

chu xue

krvarenje

xin zang bing fa zuo

srčani udar, infarkt

zhong feng

moždani udar

guo min

alergija

ke sou

kašalj

fa shao

groznica

liu gan

gripa

fu xie

proljev

tou tong

glavobolja

ai zheng

rak

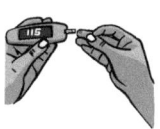

tang niao bing

dijabetes

wai ke yi sheng

hirurg

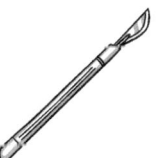

shou shu dao

skalpel

shou shu

operacija

CT

CT

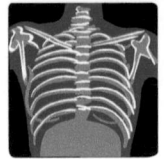

X guang

rendgen

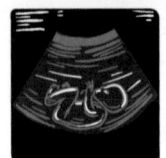

chao sheng bo

ultrazvuk

kou zhao

maska

ji bing

bolest

hou zhen shi

čekaonica

guai zhang

štake

shi gao

flaster

beng dai

zavoj

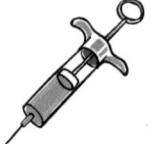

zhu she

injekcija

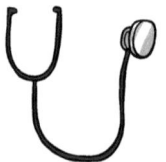

ting zhen qi

stetoskop

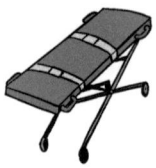

dan jia

nosilo

ti wen ji

termometar

chu sheng

porod

chao zhong

prekomjerna težina, debljina

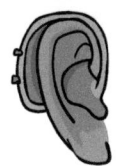

zhu ting qi

slušni aparat

xiao du ye

sredstvo za dezinfekciju

gan ran

infekcija

bing du

virus

ai zi bing

HIV/ AIDS

yao wu

medicina

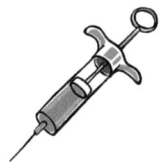

jie zhong yi miao

vakcinacija

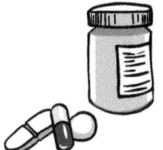

yao pian

tablete

yao wan

pilula

ji jiu dian hua

hitni poziv

xue ya ji

aparat za mjerenje pritiska

sheng bing/jian kang

bolestan / zdrav

jiu ming!

Upomoć!

jing bao

alarm

tu ji

napad, prepad

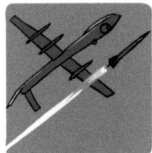

gong ji

napad

wei xian

opasnost

jin ji chu kou

izlaz u slučaju opasnosti

zhao huo la!

Požar!

mie huo qi

vatrogasni aparat

yi wai

nezgoda

ji jiu xiang

torba prve pomoći

hu jiu xin hao

SOS

jing cha

policija

ou zhou

Europa

bei mei zhou

Sjeverna Amerika

nan mei zhou

Južna Amerika

fei zhou

Afrika

ya zhou

Azija

ao zhou

Australija

da xi yang

Atlantik

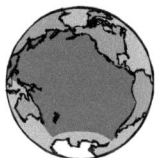

tai ping yang

Pacifik

yin du yang

Indijski okean

nan bing yang

Antarktički okean

bei bing yang

Arktički okean

bei ji

Sjeverni pol

nan ji

Južni pol

nan ji zhou

Antarktik

di qiu

Zemlja

lu di

zemlja

hai

more

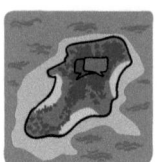

dao

ostrvo

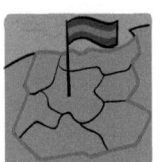

guo jia

nacija

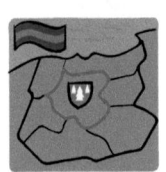

guo jia

država

zhong mian

brojčanik sata

shi zhen

kazaljka sata

fen zhen

kazaljka minute

miao zhen

kazaljka sekunde

xian zai ji dian?

Koliko je sati?

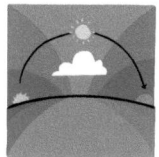

tian

dan

shi jian

vrijeme

xian zai

sada

dian zi biao

digitalni sat

fen

minuta

shi

sat

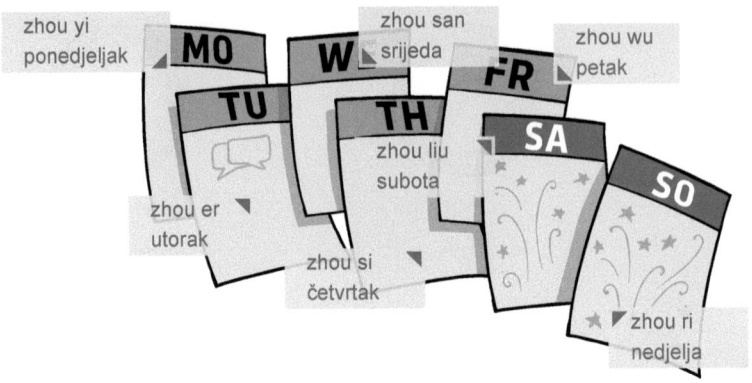

zhou yi
ponedjeljak

zhou san
srijeda

zhou wu
petak

zhou er
utorak

zhou liu
subota

zhou si
četvrtak

zhou ri
nedjelja

zuo tian

juče

jin tian

danas

ming tian

sutra

zao chen

jutro

zhong wu

podne

wan shang

veče

gong zuo ri

radni dani

zhou mo

vikend

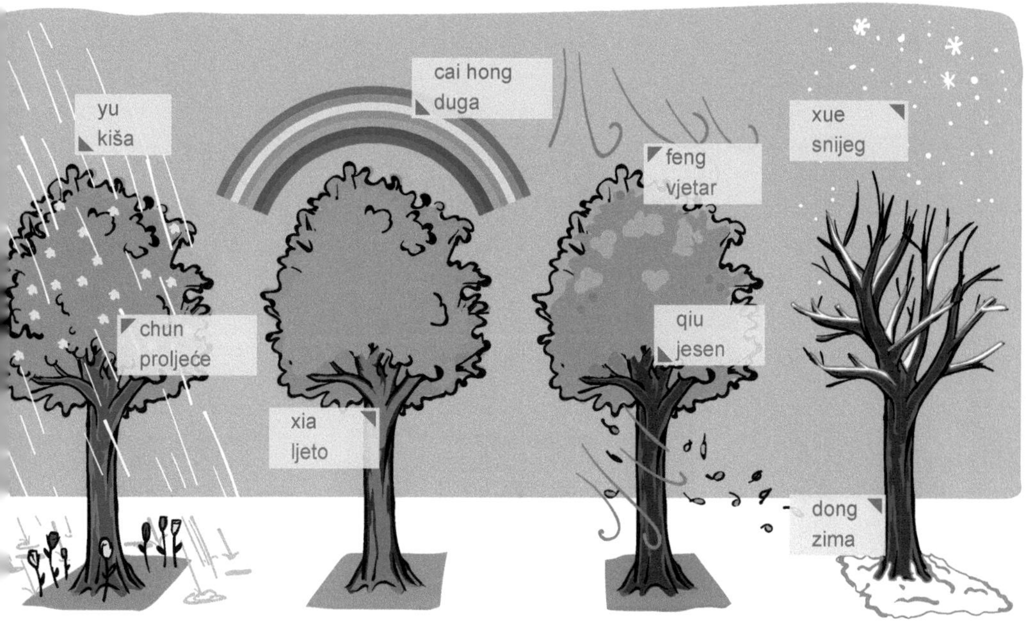

yu
kiša
cai hong
duga
feng
vjetar
xue
snijeg
chun
proljeće
xia
ljeto
qiu
jesen
dong
zima

4.APRIL 11°
5.APRIL 4°
6.APRIL 13°
7.APRIL 8°
8.APRIL 10°

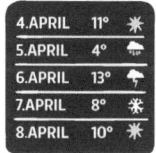

tian qi yu bao

prognoza vremena

F C
120 40
90 30
60 20
30 10
0 0
-30 -10
-20

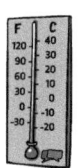

wen du ji

termometar

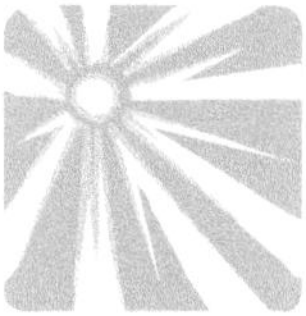

yang guang

sunčev sjaj

yun

oblak

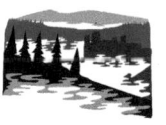

wu

magla

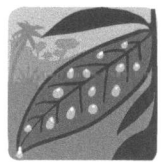

chao shi

vlažnost vazduha

shan dian

munja

da lei

grom

feng bao

oluja

bing bao

tuča, led

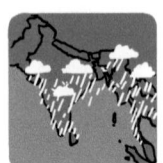

ji feng

monsun

hong shui

poplava

bing

led

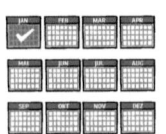

yi yue

januar

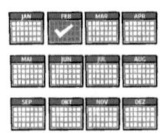

er yue

februar

san yue

mart

si yue

april

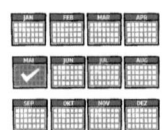

wu yue

maj

liu yue

juni

qi yue

juli

ba yue

avgust

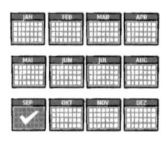

jiu yue

septembar

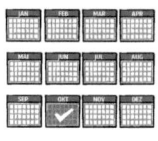

shi yue

oktobar

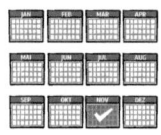

shi yi yue

novembar

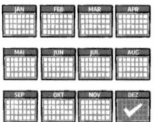

shi er yue

decembar

xing zhuang

oblici

yuan xing

krug

zheng fang xing

kvadrat

chang fang xing

pravougao

san jiao xing

trougao

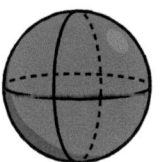

qiu ti

kugla

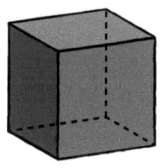

li fang ti

kocka

bai

bjel

huang

žut

cheng

narandžast

fen

pink

hong

crven

zi

ljubičast

lan

plav

lü

zelen

zong

smeđ

hui

siv

hei

crn

hen duo/shao xu

malo / mnogo

sheng qi/ping jing

ljutit / miran

mei/chou

lijep / ružan

shou/wei

početak / kraj

da/xiao

veliki / mali

ming/an

svijetlo / tamno

xiong di/jie mei

brat / sestra

gan jing/ang zang

čist / prljav

wan zheng/que shi

potpun / nepotpun

bai tian/wan shang

dan / noć

si/sheng

mrtav / živ

kuan/zhai

široko / usko

ke shi yong/fei shi yong

ukusno / neukusno

xie e/shan liang

zao / prijatan

xing fen/wu liao

uzbuđen / dosadan

pang/shou

debeo / mršav

di yi/zui hou

najprije / najkasnije

peng you/di ren

prijatelj / neprijatelj

man/kong

pun / prazan

ying/ruan

trvd / mekan

zhong/qing

težak / lagan

e/ke

glad / žeđ

sheng bing/jian kang

bolestan / zdrav

fei fa/he fa

ilegalan / legalan

cong ming/yu ben

inteligentan / glup

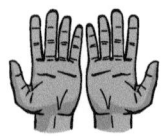

zuo/you

lijevo / desno

jin/yuan

blizu / daleko

xin/jiu

nov / polovan

mei you/you xie

ništa / nešto

lao/you

star / mlad

kai/guan

uključeno / isključeno

da kai/he shang

otvoreno / zatvoreno

an jing/chao nao

tiho / glasno

fu/qiong

bogat / siromašan

dui/cuo

tačno / pogrešno

cu cao/guang hua

hrapav / glatak

shang xin/gao xing

tužan / srećan

duan/chang

kratak / dug

man/kuai

spor / brz

shi/gan

mokro / suho

wen nuan/liang shuang

toplo / hladno

zhan zheng/he ping

rat / mir

0

ling

nula

1

yi

jedan

2

er

dva

3

san

tri

4

si

četiri

5

wu

pet

6

liu

šest

7

qi

sedam

8

ba

osam

9

jiu

devet

10

shi

deset

11

shi yi

jedanaest

12

shi er

dvanaest

13

shi san

trinaest

14

shi si

četrnaest

15

shi wu

petnaest

16

shi liu

šesnaest

17

shi qi

sedamnaest

18

shi ba

osamnaest

19

shi jiu

devetnaest

20

er shi

dvadeset

100

bai

sto

1.000

qian

hiljada

1.000.000

bai wan

milion

ying yu

engleski

mei shi ying yu

američki engleski

pu tong hua

kinesko mandarinski

yin di yu

hindi

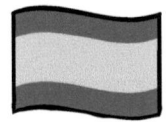

xi ban ya yu

španski

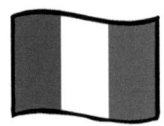

fa yu

francuski

a la bo yu

arapski

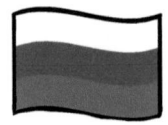

e yu

ruski

pu tao ya yu

portugalski

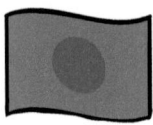

feng jia la yu

bengalski

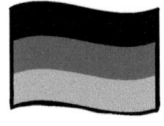

de yu

njemački

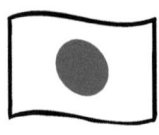

ri yu

japanski

wo

ja

ni

ti

ta/ta/ta

on / ona / ono

wo men

mi

ni men

vi

ta men

oni

shei?

ko?

shen me?

šta?

zen yang?

kako?

na li?

gdje?

shen me shi hou?

kada?

ming zi

ime

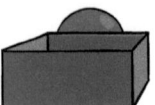

hou mian

iza

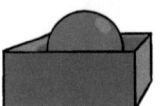

li mian

u

qian mian

pred

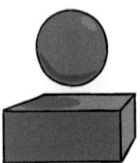

shang fang

iznad

shang mian

na

xia mian

ispod

pang bian

pored

zhong jian

između

di dian

mjesto